TRANSCRIÇÕES PARA UKULELE

naturæ
joão tostes

Primeira edição

Transcrito por Diogo Fernandes

ISBN: 978-85-455262-1-6

Barbacena - MG
2018

naturæ é um álbum de música instrumental, do artista brasileiro João Tostes. O álbum é apresentado com o ukulele sendo o instrumento principal, somando-se ao baixo de Diogo Fernandes e ao piano de Felipe Moreira na maioria das músicas. Juntos eles formam o João Tostes Trio.

O álbum foi lançado em junho de 2018, e neste livro encontram-se as partituras e tablaturas de todas as músicas.

Este é o primeiro álbum de ukulele instrumental brasileiro.

Do total de 10 músicas, 6 são de autoria de João Tostes (Sete dias te esperando, Delicato ukulele, Maria Madalena, Alivium, Hiro e On the ground with the ukulele), 2 de Diogo Fernandes (Téma pro Ben e Dança devenir) e 2 de Felipe Moreira (Baião mineiro e Xote sem rumo).

Para ouvir as músicas, basta utilizar qualquer aplicativo de streaming de música online (Spotify, iTunes, Deezer etc.) ou, ainda, nos links abaixo.

youtube.com/tocaukulele
Na página do Youtube, acesse: Playlists > João Tostes - naturæ

Todas as informações a respeito do disco e as mp3 estão disponíveis no site:

tocaukulele.com.br/joaotostes

Sete dias te esperando . 04

Delicato ukulele . 10

Maria Madalena . 16

Baião mineiro . 20

Téma pro Ben . 24

Xote sem rumo . 28

Dança devenir . 32

Alivium . 36

Hiro . 44

On the ground with the ukulele . 48

Sobre o autor . 52

Sites e referências . 53

Sete dias te esperando

Dedicada ao meu filho, João Victor
Música de João Tostes

F7(13)
Cm
F7(13)
Cm
F7(13)
Gm7
A♭7M
B♭
Cm
Cm/B♭
Cm
Cm/B♭
Gm7
Gm6
A♭7M
C
Cm
♩= 120
C
C7
p
cresc.
cresc.
C6
Cadd9
(cresc.)
(cresc.)

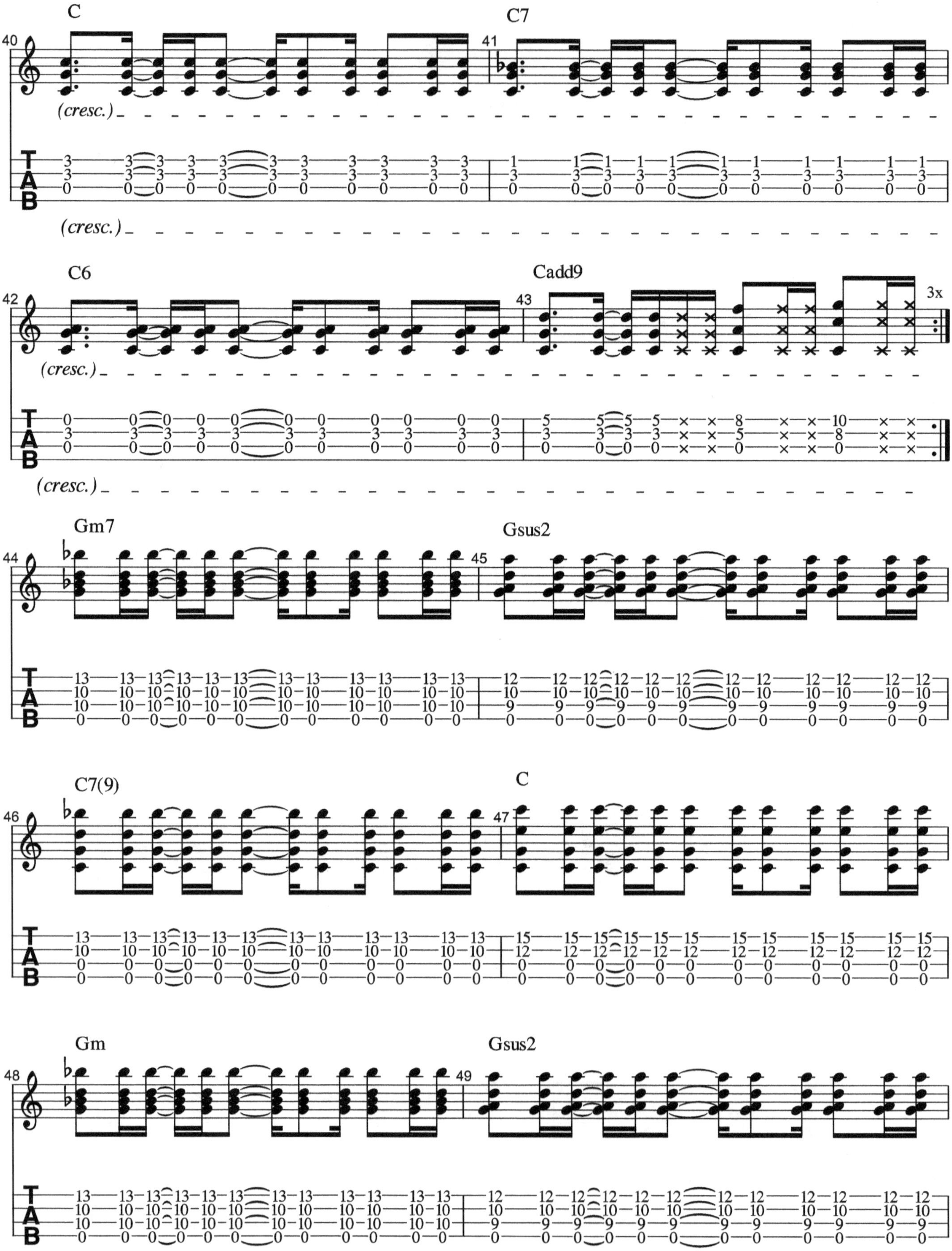
C
C7
(cresc.)
C6
Cadd9
3x
Gm7
Gsus2
C7(9)
C
Gm
Gsus2

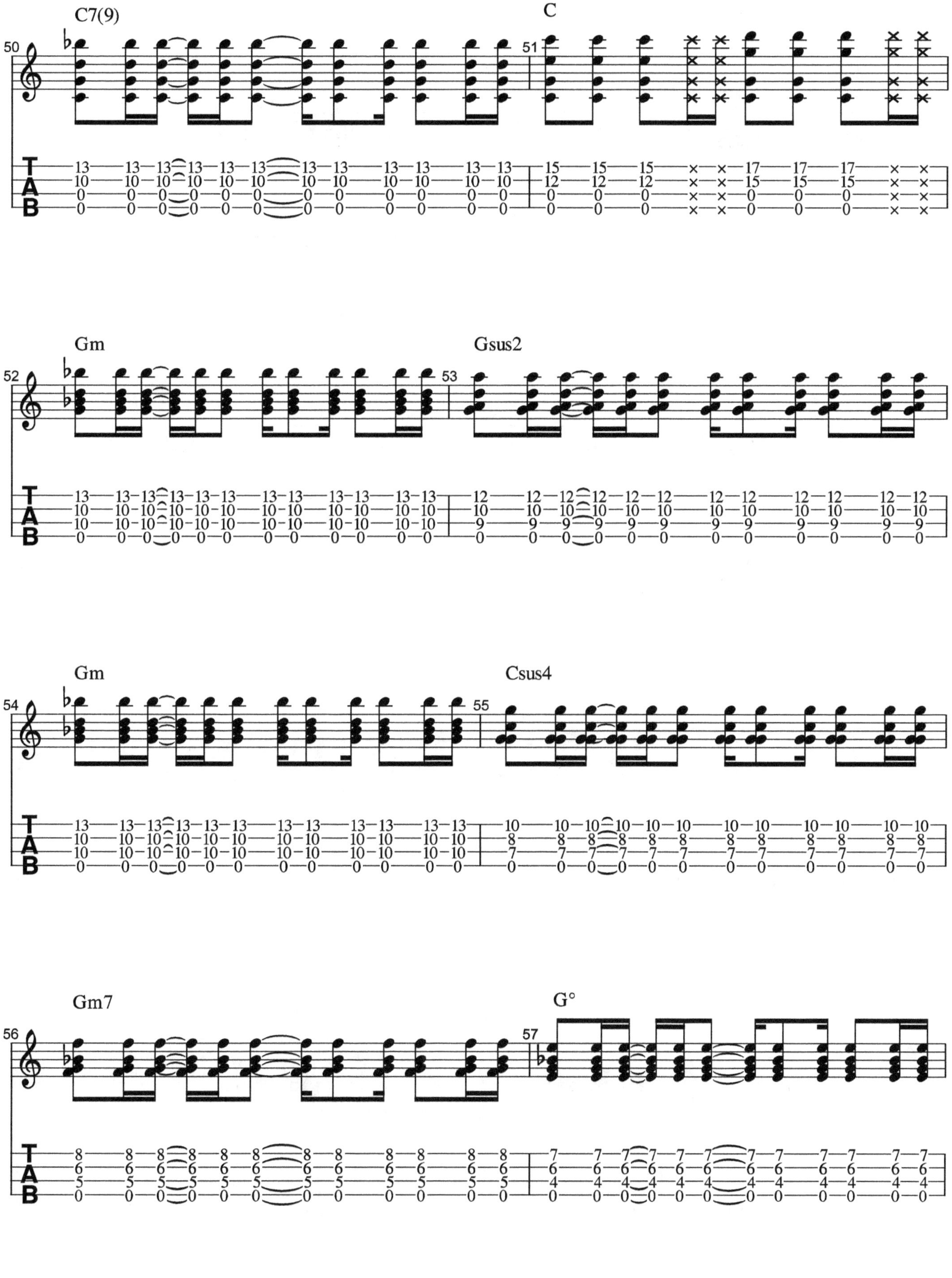
C7(9)
C
Gm
Gsus2
Gm
Csus4
Gm7
G°

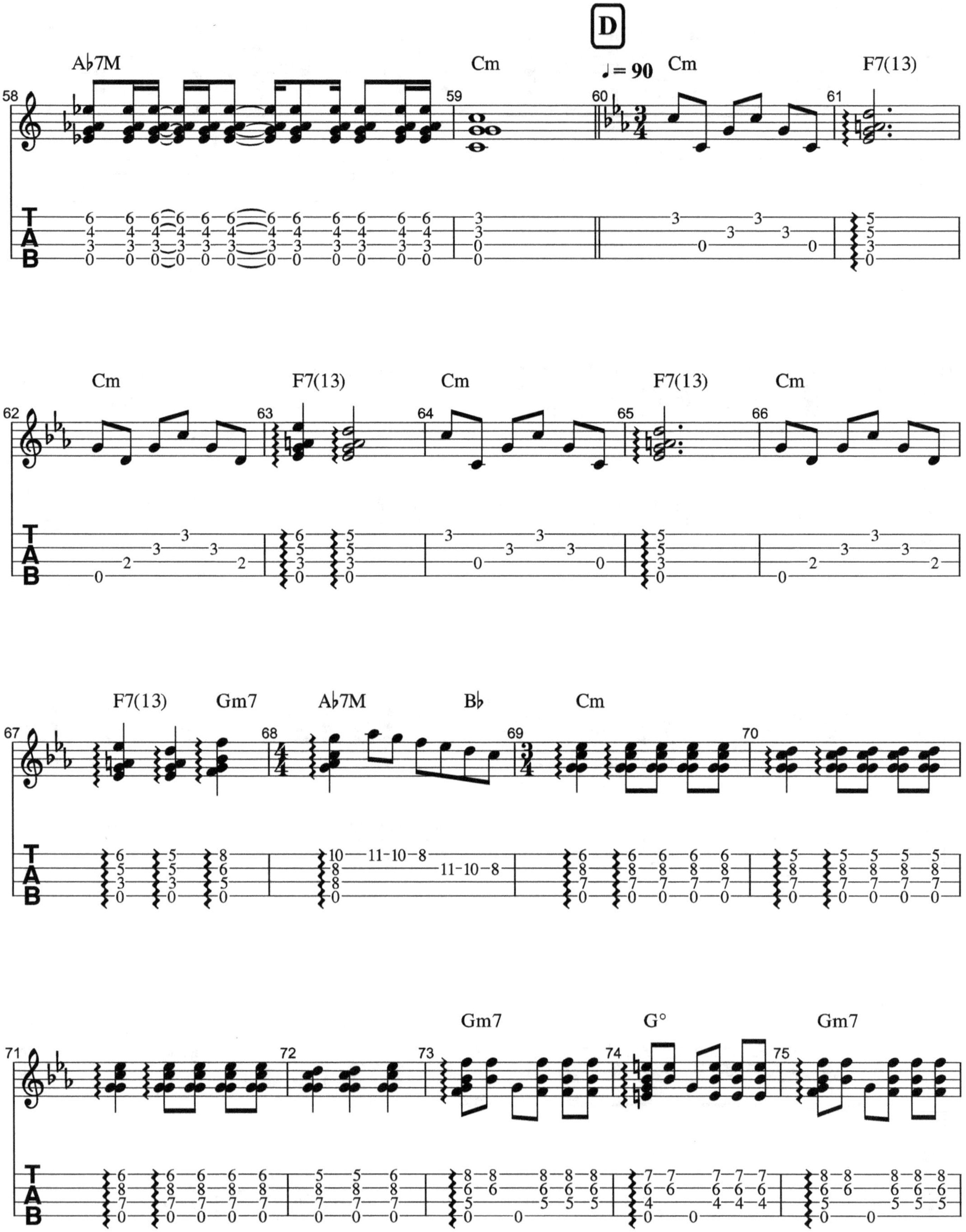
D
♩= 90
A♭7M
Cm
Cm
F7(13)
Cm
F7(13)
Cm
F7(13)
Cm
F7(13)
Gm7
A♭7M
B♭
Cm
Gm7
G°
Gm7

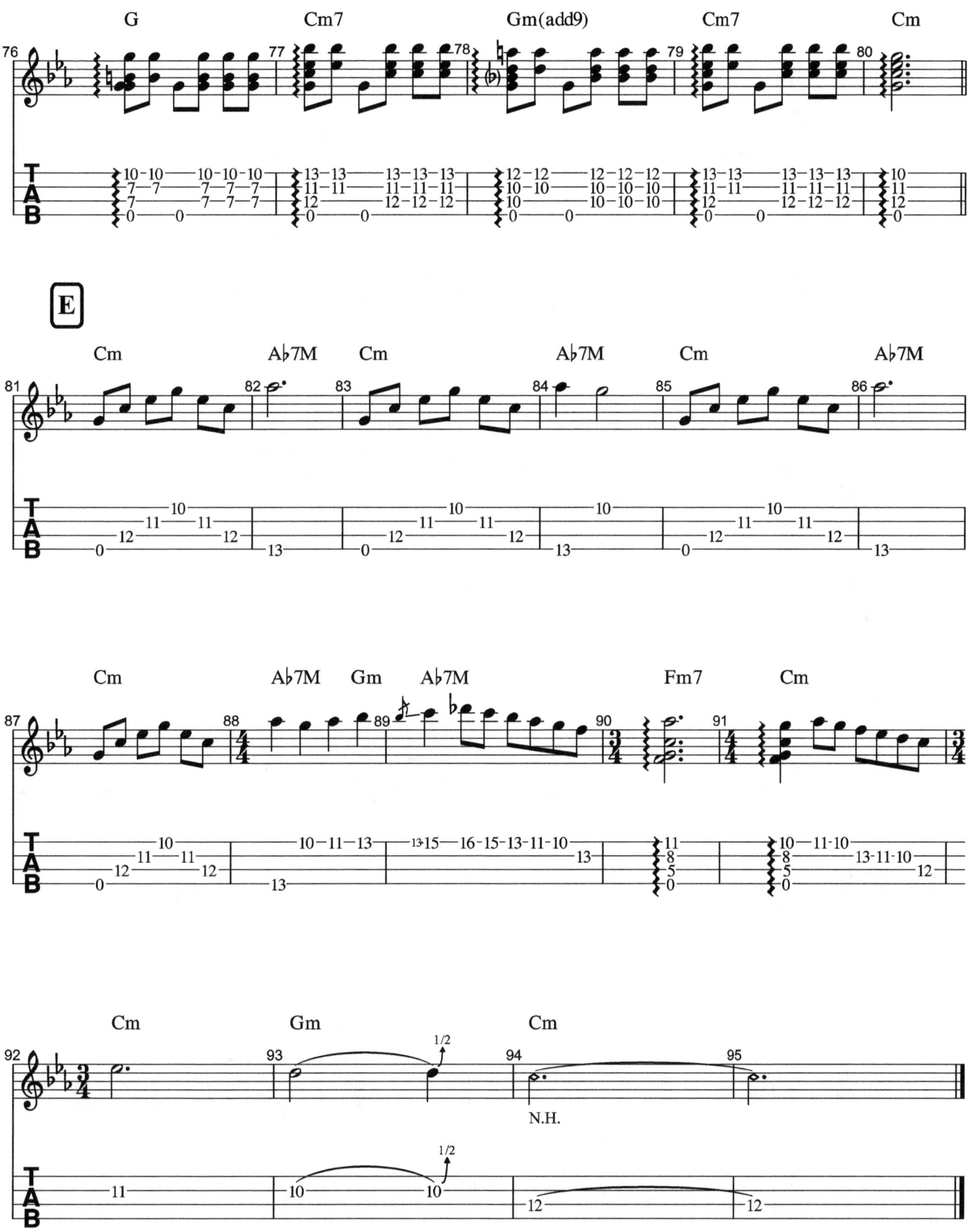
G Cm7 Gm(add9) Cm7 Cm
E
Cm A♭7M Cm A♭7M Cm A♭7M
Cm A♭7M Gm A♭7M Fm7 Cm
Cm Gm Cm
1/2
N.H.
1/2

Delicato Ukulele

Dedicada ao povo italiano
Música de João Tostes

F♯m7
A(add9)
C♯m7
F♯m7
1.
2.
F♯m7
C
A(add9)
Bsus4(add9)
mf
A(add9)
C♯m7
A(add9)
Bsus4(add9)
C♯m7(9)
Bsus4(add9)
A(add9)
C♯m7
F♯m7
accelerando

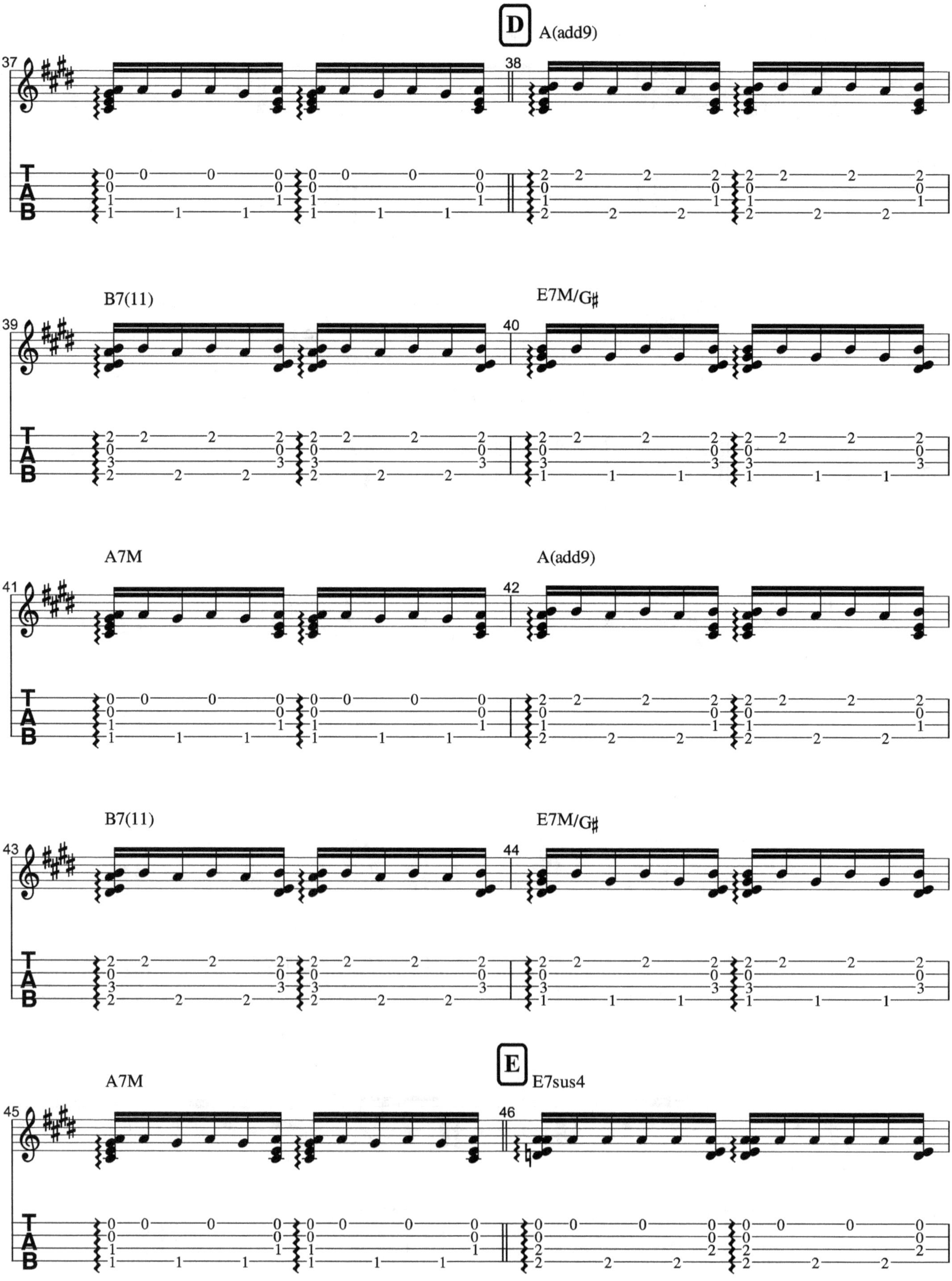
D
A(add9)
37
38
T
A
B
B7(11)
E7M/G♯
39
40
A7M
A(add9)
41
42
B7(11)
E7M/G♯
43
44
E
A7M
E7sus4
45
46

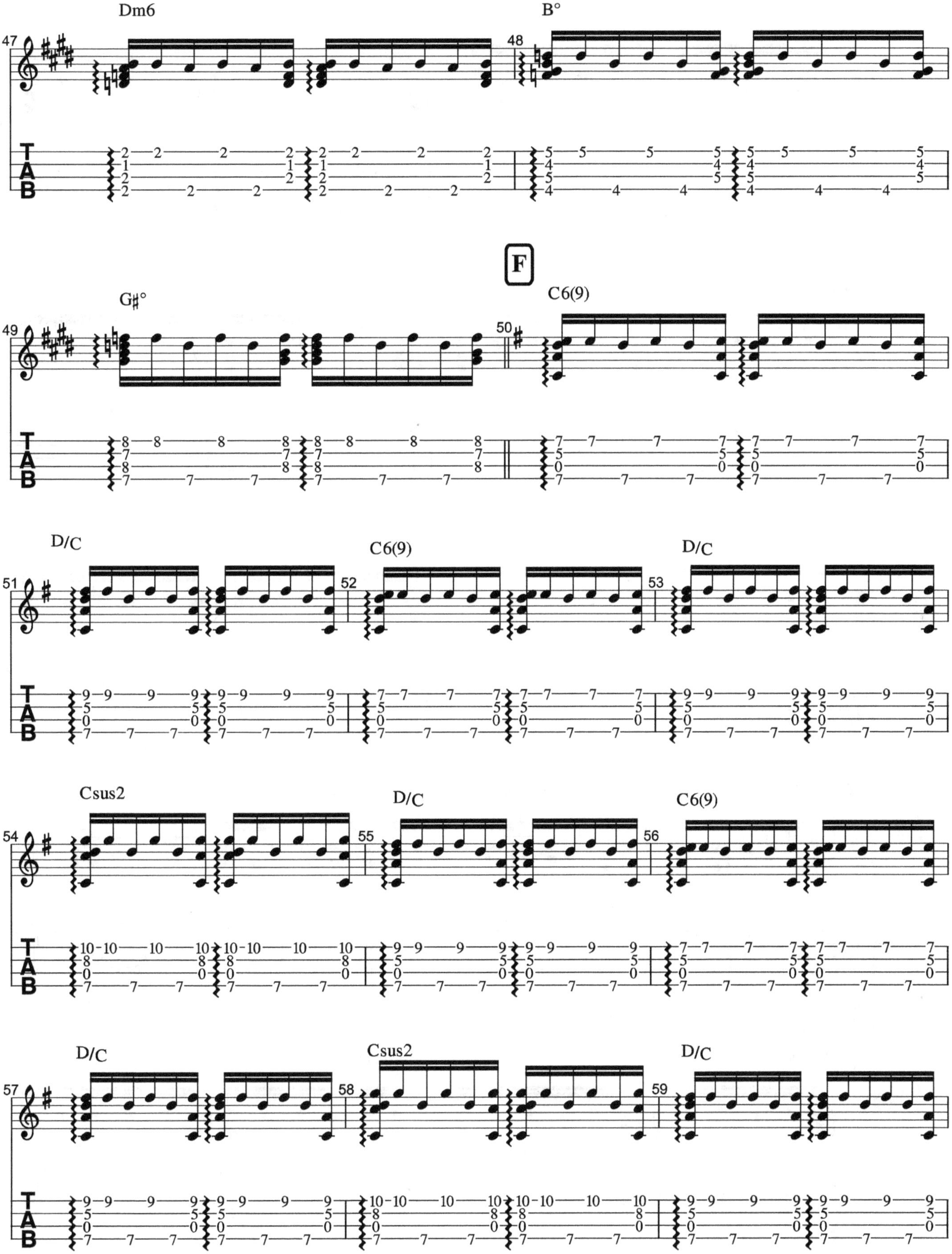
Dm6
B°
G♯°
F
C6(9)
D/C
C6(9)
D/C
Csus2
D/C
C6(9)
D/C
Csus2
D/C

C6(9)
Csus2
B♭sus2
F/A
C7sus4
C6
B(no5)/A
B7(11)
G
♩. = 60
Chorus
A(add9)
B7(11)

Delicato ukulele

15

Maria Madalena

Dedicada à minha tia Lena
Música de João Tostes

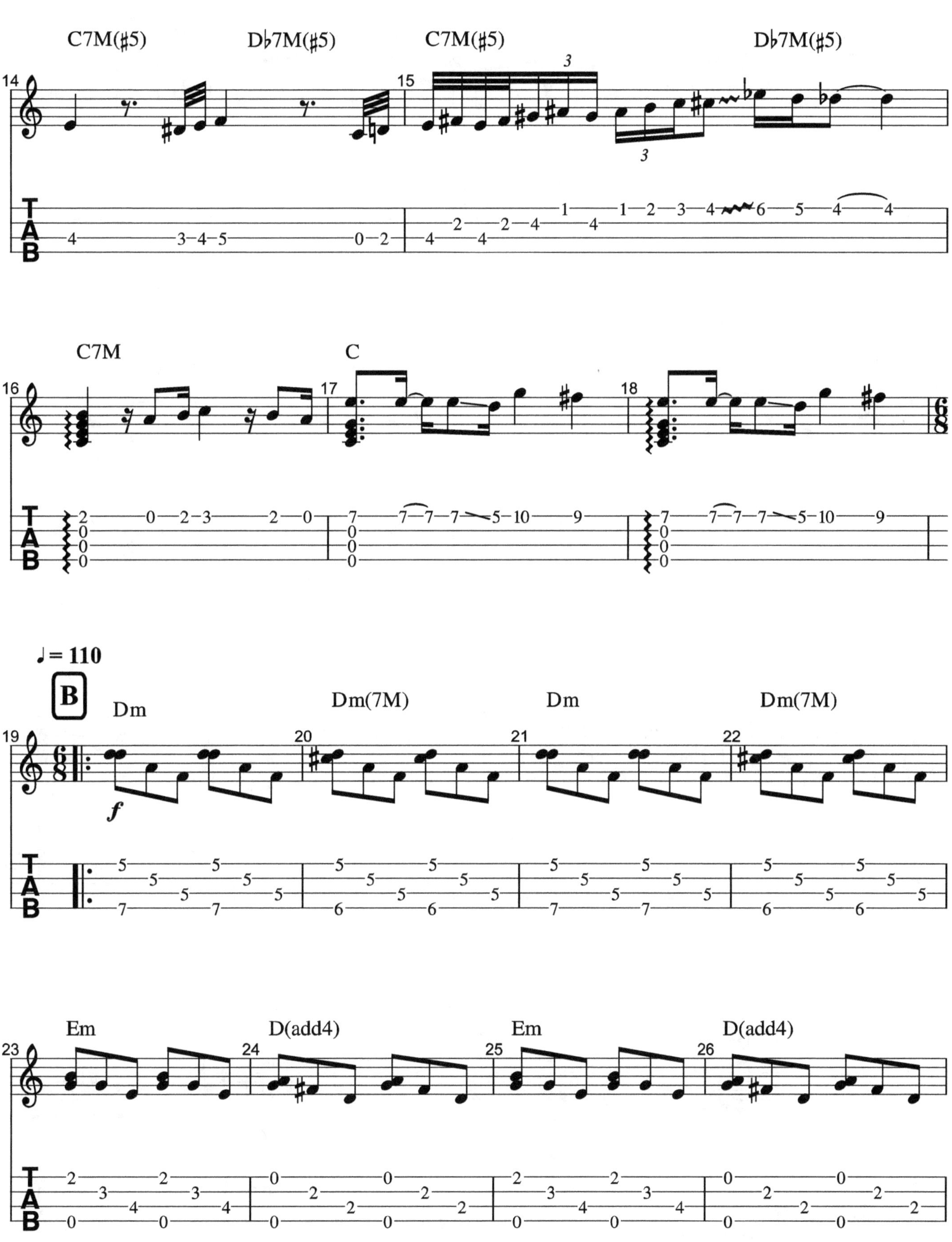
C7M(♯5)
D♭7M(♯5)
C7M(♯5)
D♭7M(♯5)
C7M
C
♩ = 110
B
Dm
Dm(7M)
Dm
Dm(7M)
f
Em
D(add4)
Em
D(add4)

B♭(add9) Am B♭(add9) Am
Em(add4) Dsus4 Em(add4) Dsus4
Dm6 D° 1. D#° F#° A°
F#° 2. D#° F#°
♩= 55
C
C7M C
mf

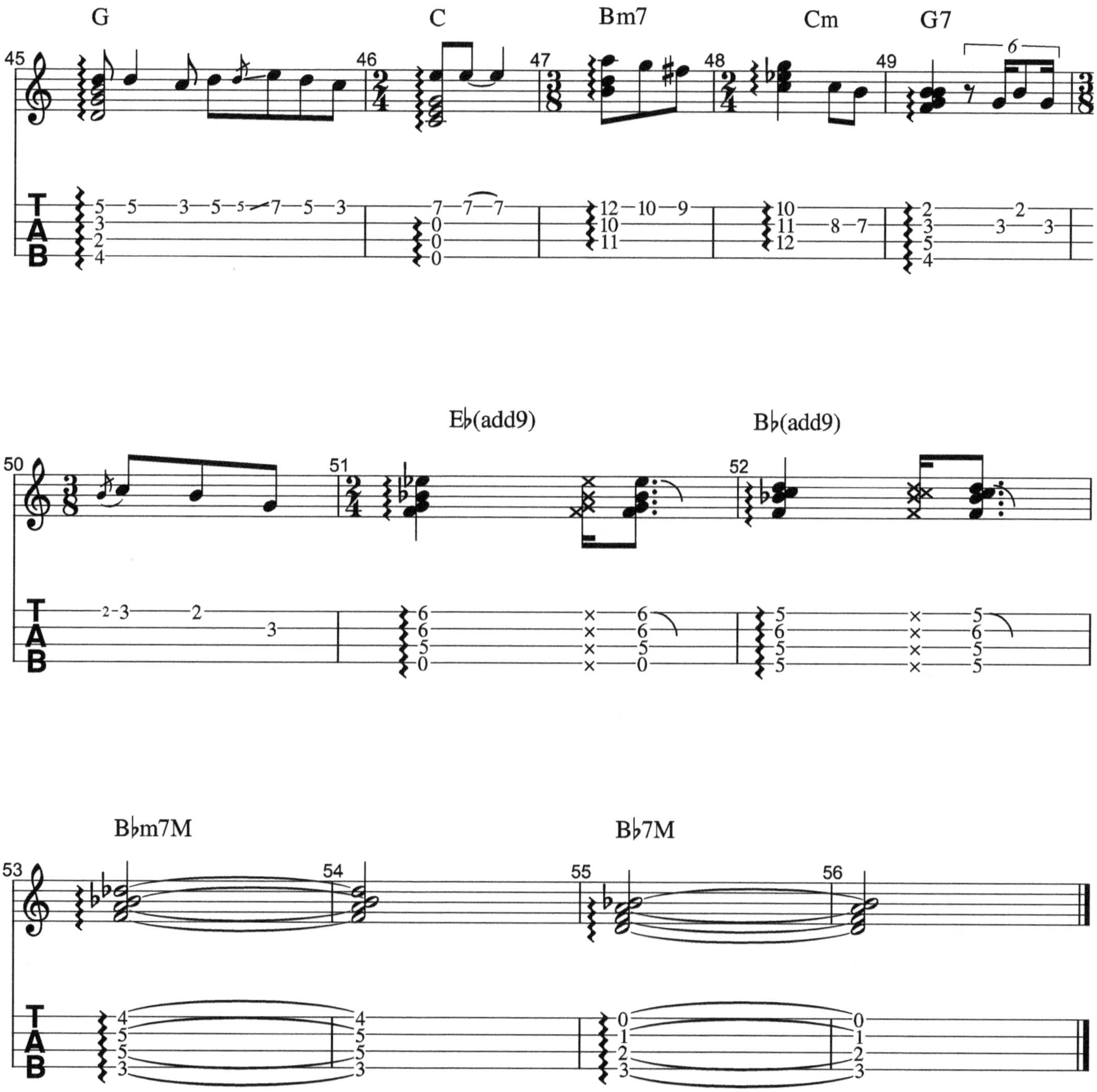
G
C
Bm7
Cm
G7
E♭(add9)
B♭(add9)
B♭m7M
B♭7M

Baião Mineiro

Música de Felipe Moreira

Baião mineiro

D/C
Bm7
Em7
Am7
D7sus4
1. G(add9)
F♯7
2. G(add9)
A2
C(add9)/E
D(add9)/F♯
C(add9)/E
D6
E♭°
C(add9)/E
D(add9)/F♯
G(add9)
D(add9)/F♯
Em7
G(add9)/D
C7M
G(add9)/B
Am7
D7sus4
G(add9)
Dm7
D♭7(♯5)

C
C6 D/C Bm7 Em7 G♯7 Am7 D7sus4 G(add9)
Dm7 D7(♯5) C6 D/C Bm7 Em7 B♭7 Am7 D7sus4
G(add9)
D
F(add9) G(add9) G(add9) F(add9)
G(add9) F(add9) G(add9)
F(add9) G(add9)

Téma pro Ben

Dedicada a um bravo homem que hasteou em casa uma bandeira do Brasil em Únětice (Praga) 25-26/07/2017

Música de Diogo Fernandes

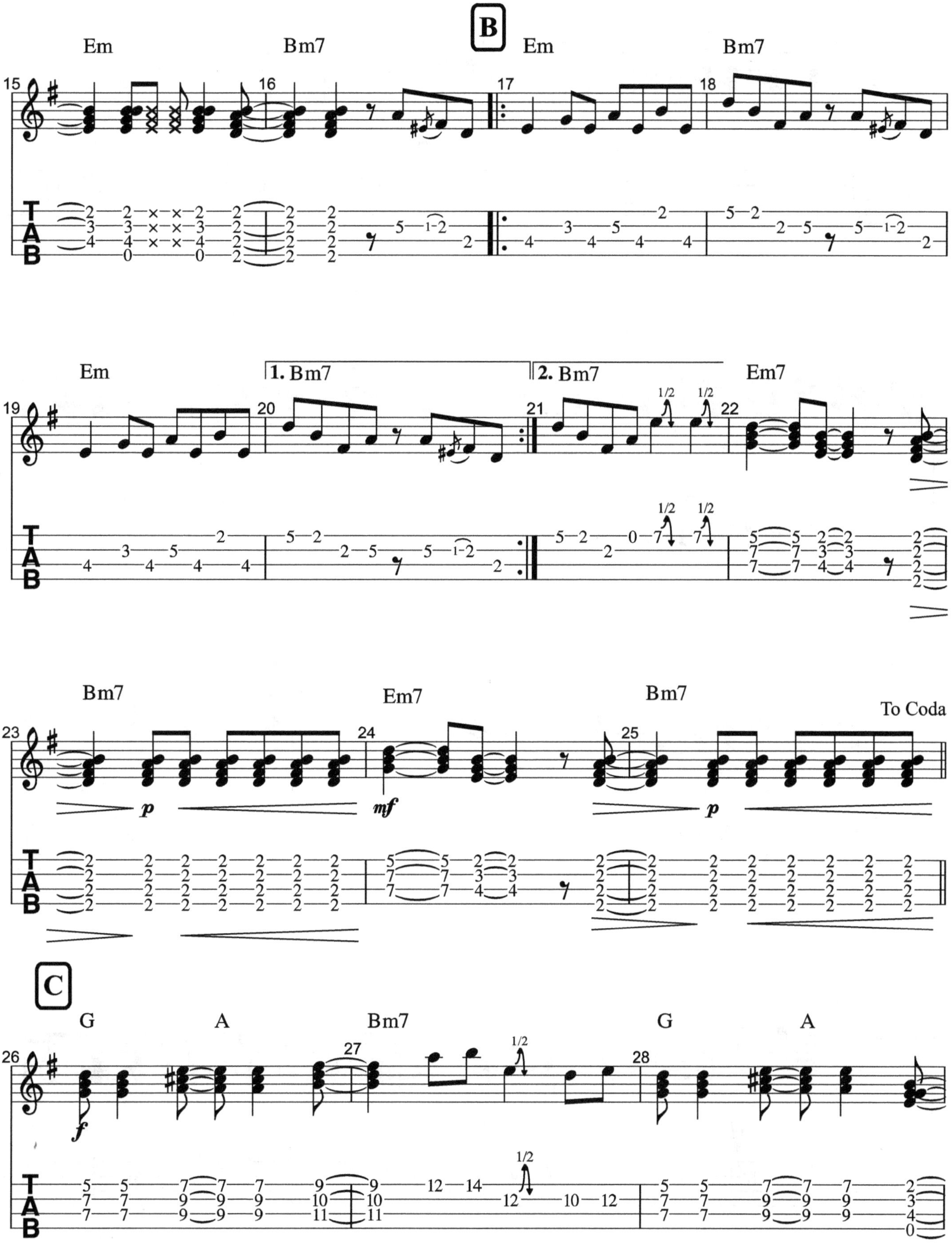
B
Em
Bm7
Em
Bm7
Em
1. Bm7
2. Bm7
Em7
Bm7
Em7
Bm7
To Coda
C
G
A
Bm7
G
A

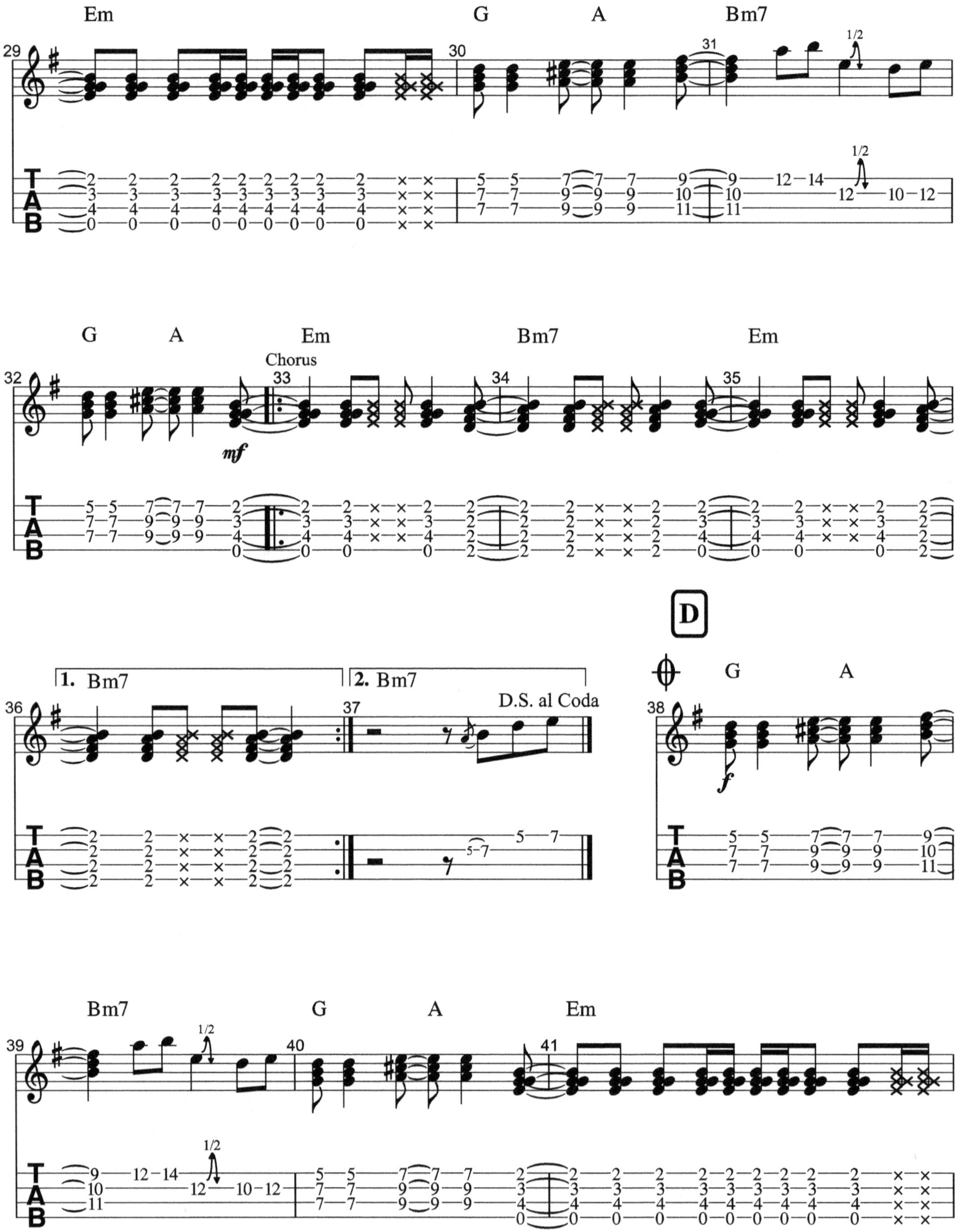
Em
G A Bm7
G A Em Bm7 Em
Chorus
D
1. Bm7
2. Bm7
D.S. al Coda
G A
Bm7 G A Em

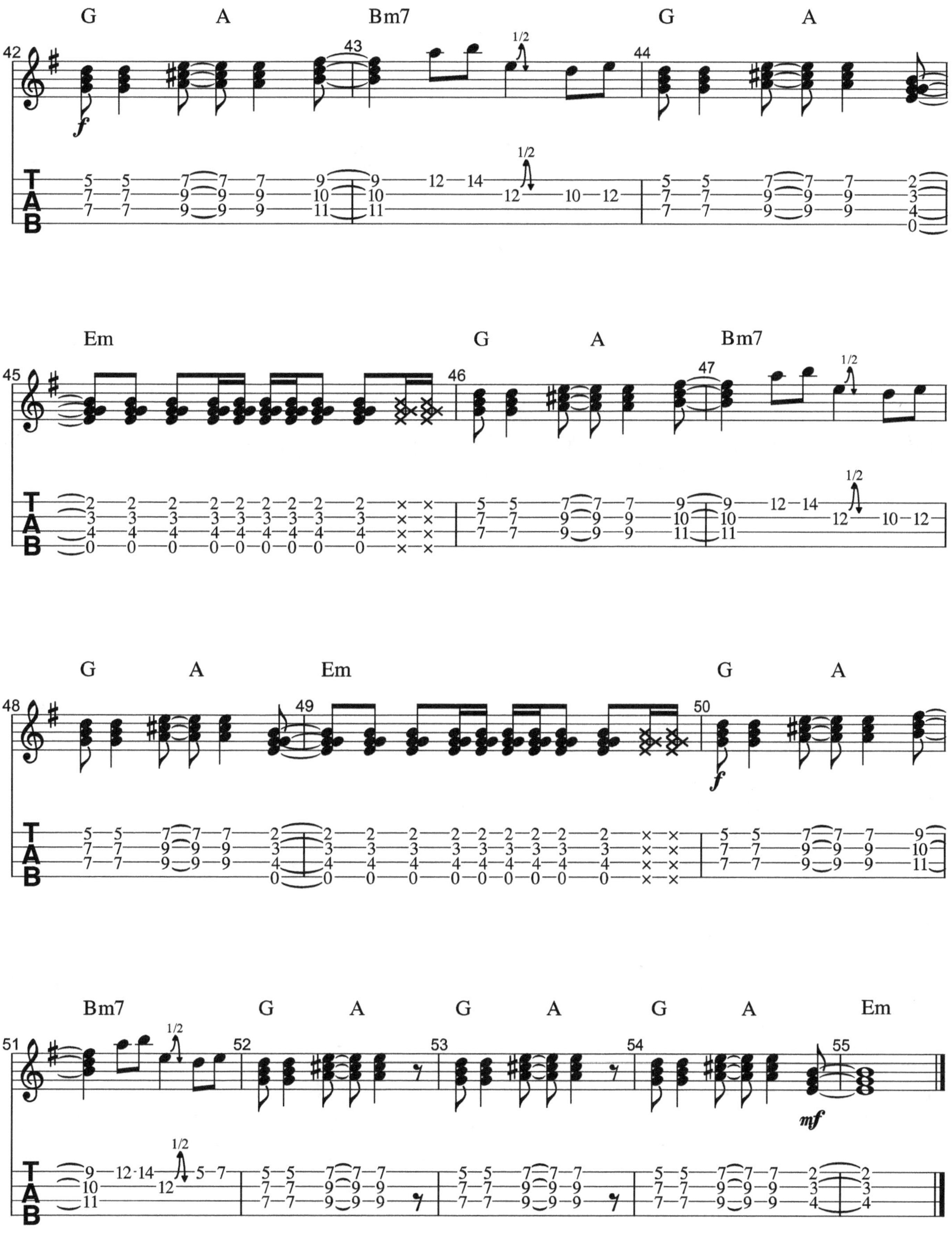
G A Bm7 G A
Em G A Bm7
G A Em G A
Bm7 G A G A G A Em

Xote sem rumo

Música de Felipe Moreira

28

A
Em7
F♯/E
Em7
17
18
19
20
21
C♯/E♯
F♯m7
B7sus4
B7
22
23
24
25
26
E/G♯
G°
F♯m7(♭5)
B7(♭9)
27
28
29
30
Em7
F♯/E
Em7
31
32
33
34
35

Xote sem rumo

30

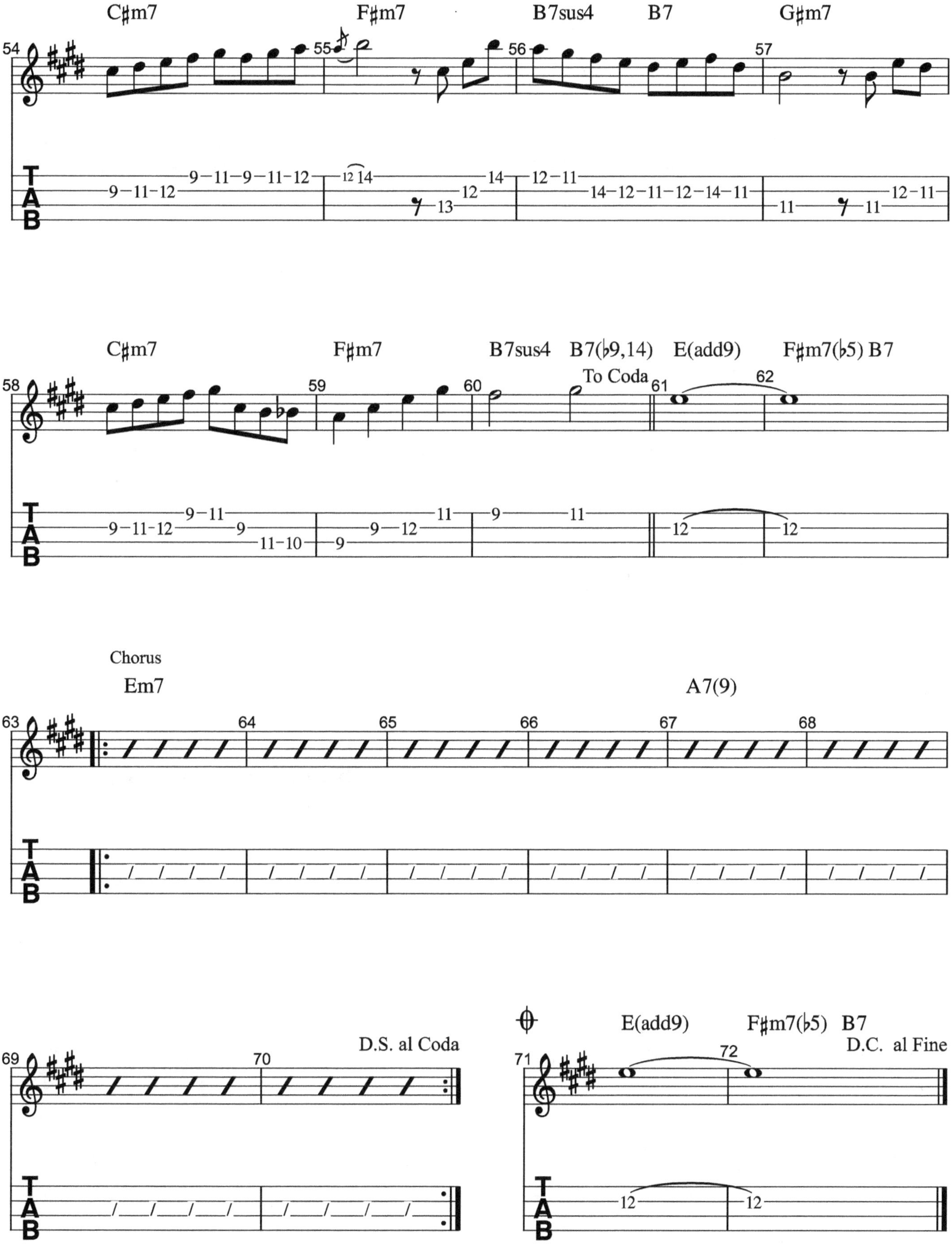
C♯m7 F♯m7 B7sus4 B7 G♯m7
C♯m7 F♯m7 B7sus4 B7(♭9,14) E(add9) F♯m7(♭5) B7
To Coda
Chorus
Em7 A7(9)
D.S. al Coda
E(add9) F♯m7(♭5) B7
D.C. al Fine

Dança devenir

Música de Diogo Fernandes

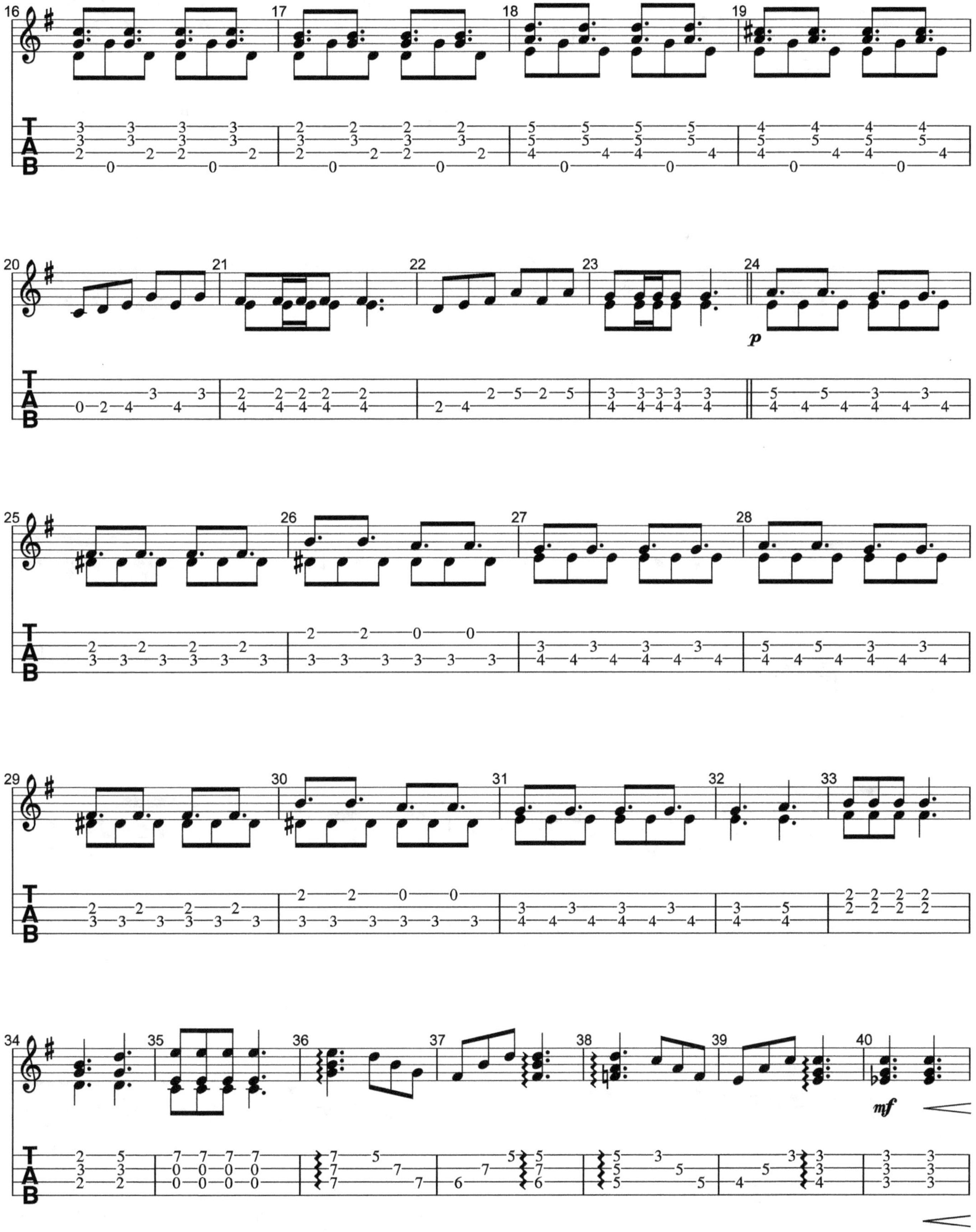

Dança devenir

Dança devenir

D.C. al Coda

35

Alivium

Música de João Tostes

Dm Dm7 D7 F(♯11)/A Am6 C° Em7(11)
C7(♭9) E7 A(add9) A A7 C7 Fsus4 F G/F
B
F F(add9) F G/F F F(add9) Csus2
C Csus2

C
Csus2
G/C
C6(omit3)
C(add9)
Csus2
G/C
C6(omit3)
C(add9)
Csus2 G/C
C(add9)
Csus2 G/C
C(add9)
Csus2 G/C
C(add9)
Csus2 G/C
C(add9)
Csus2

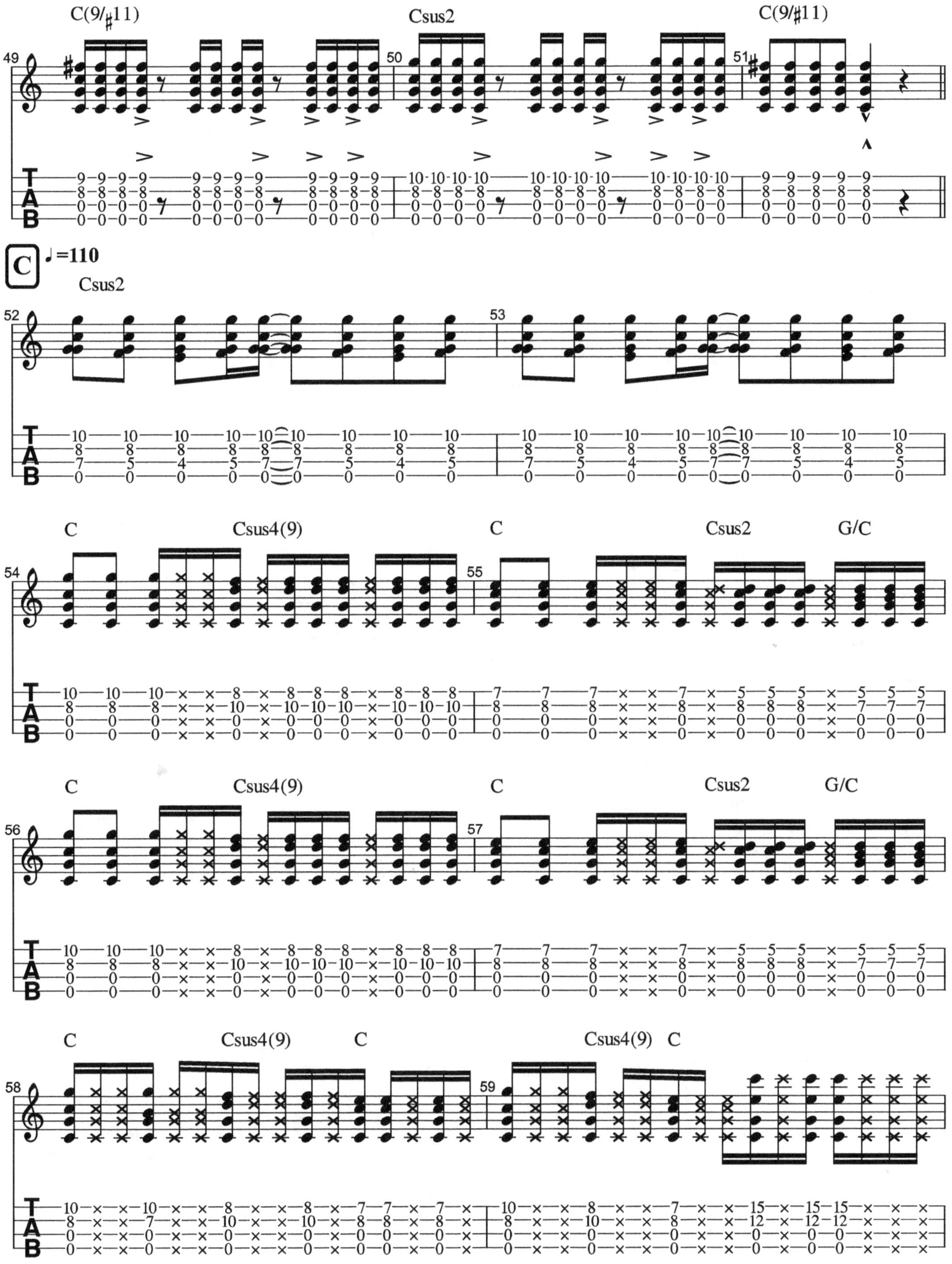
C(9/♯11)
Csus2
C(9/♯11)
C
♩=110
Csus2
C
Csus4(9)
C
Csus2
G/C
C
Csus4(9)
C
Csus2
G/C
C
Csus4(9)
C
Csus4(9)
C

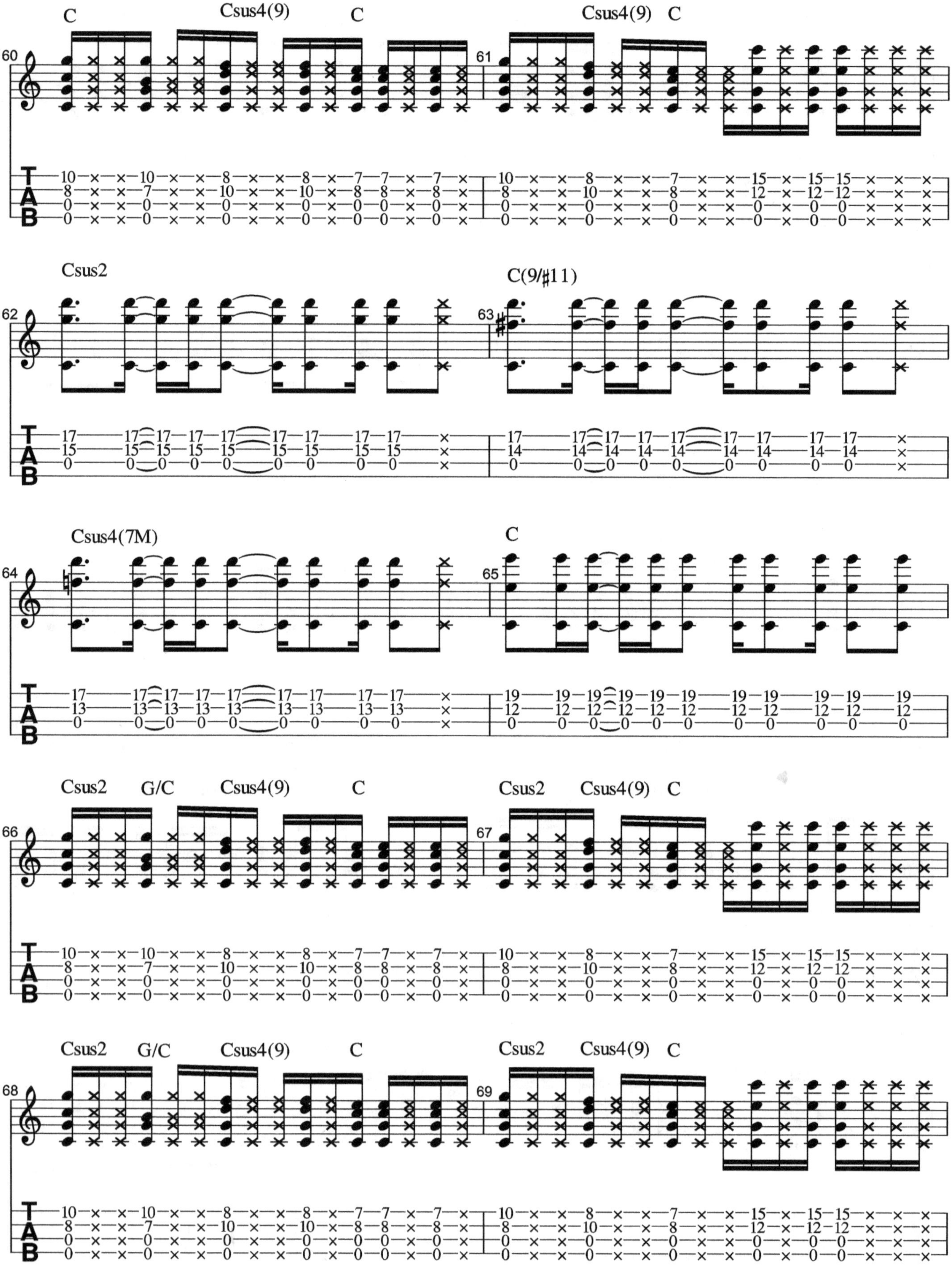
C
Csus4(9)
C
Csus4(9)
C
Csus2
C(9/♯11)
Csus4(7M)
C
Csus2
G/C
Csus4(9)
C
Csus2
Csus4(9)
C
Csus2
G/C
Csus4(9)
C
Csus2
Csus4(9)
C

Csus2
C(9/♯11)
Csus4(7M)
C
Csus2 C(9/♯11) Csus4(7M) C(add9)
Csus2 C(9/♯11) Csus4(7M) C(add9)
C C7M C7 C6
C C7M C7 C6
C C(add♯11) C(add11) C
C(add♯11) C(add11) C

C C7M C7 C6 C C7M C7 C6
Csus4(6) C6 Cm6 Csus2(6) Csus4(6) C6 Cm6 Csus2(6)
C7sus4 Csus4(6) Csus4(♭6) Csus4 C7sus4 Csus4(6) Csus4(♭6) Csus4
Csus4
dim.
dim.

♩= 75
D
C7(♭9)
E7
A(add9)
A
A7
C7
Fsus4
mf
F
G/F
F
F(add9)
F
G/F
F
F(add9)
Csus2
G/C
Csus2(6)
Csus2(7M)
Csus2(6)
Csus2
Csus2(7M)
C(add9)
Csus2
Csus4(9)
C
Csus4(9)
C6
C7M
C
N.H
mf
3

Hiro

Música de João Tostes

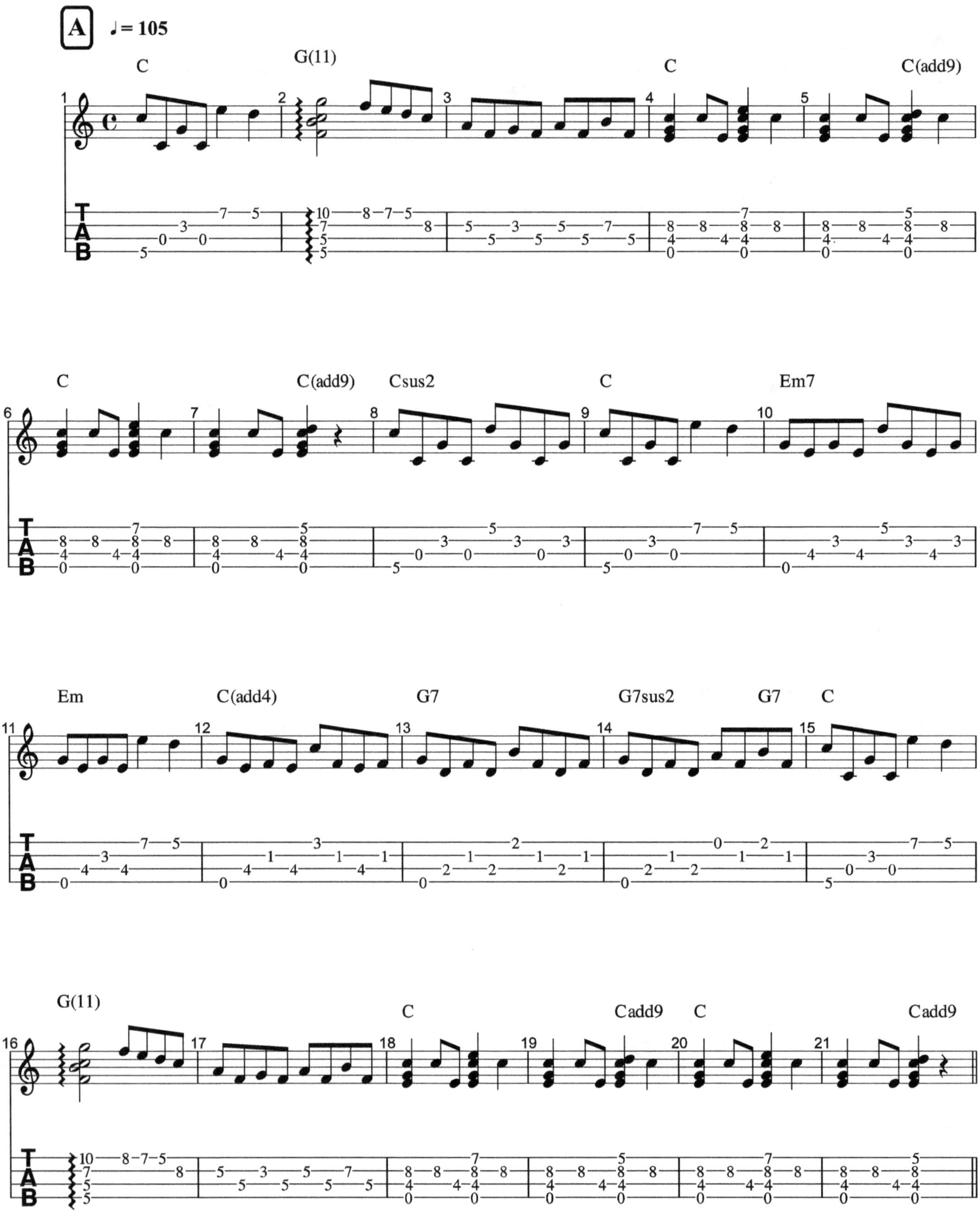

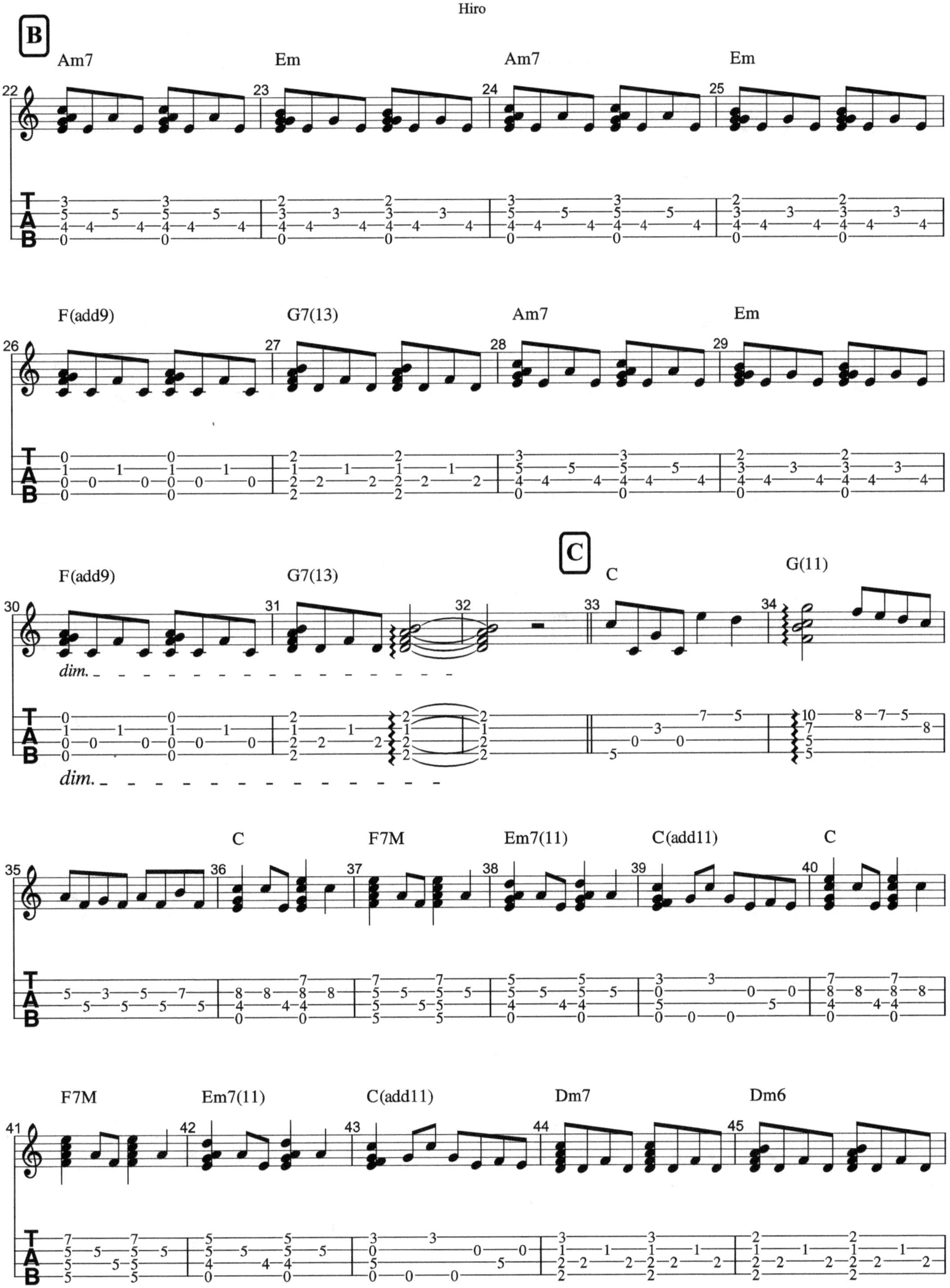
B
Am7
Em
Am7
Em
F(add9)
G7(13)
Am7
Em
F(add9)
G7(13)
C
C
G(11)
dim.
dim.
C
F7M
Em7(11)
C(add11)
C
F7M
Em7(11)
C(add11)
Dm7
Dm6

Hiro

E7
Am
Csus4
Em
Csus4
Dsus4
F
Csus2
C
Em7
Cadd4
G7
G7sus2
C
G(11)
C
Cadd9
C
Cadd9
C
dim.
dim.

On the ground with the ukulele

Música de João Tostes

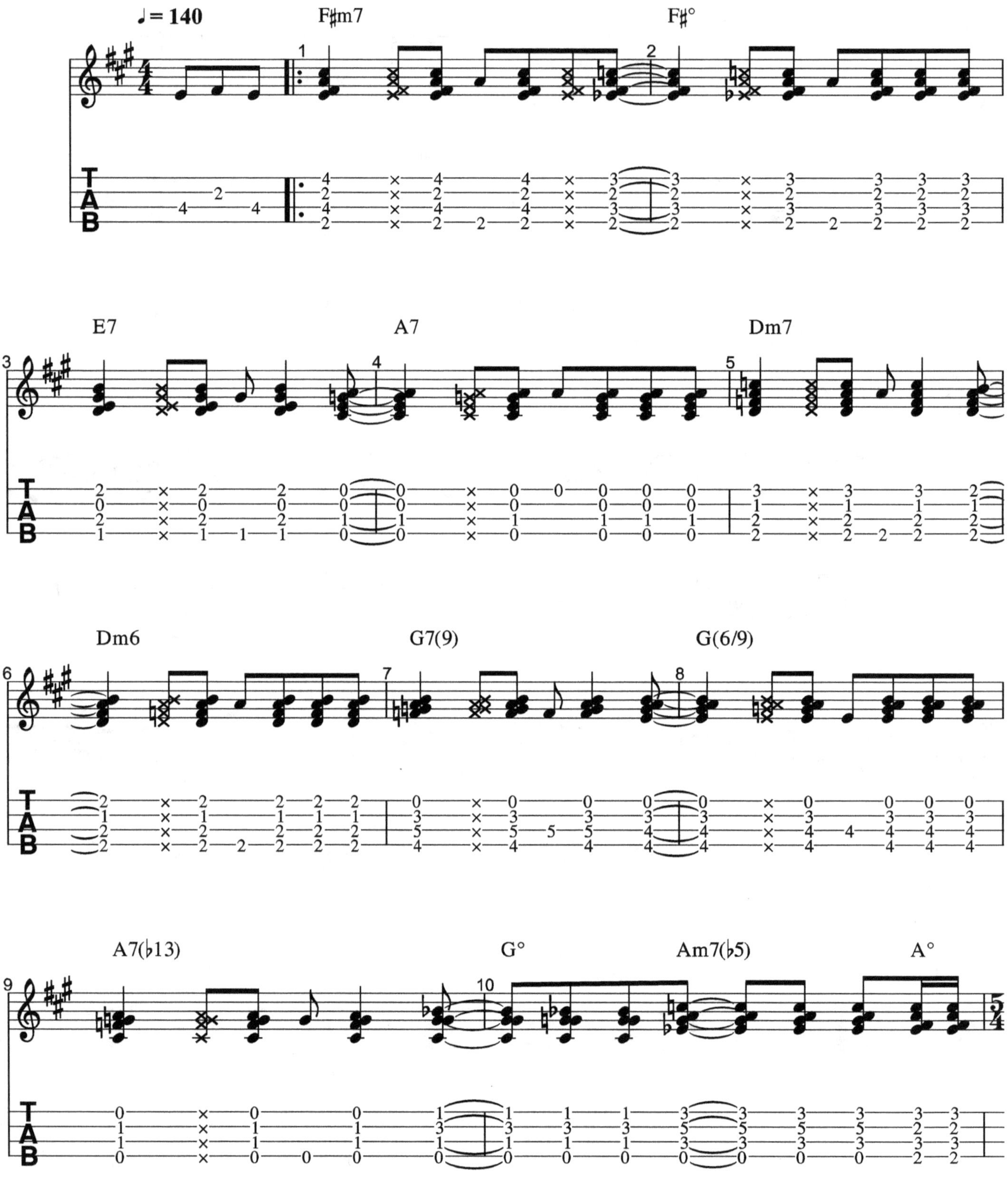

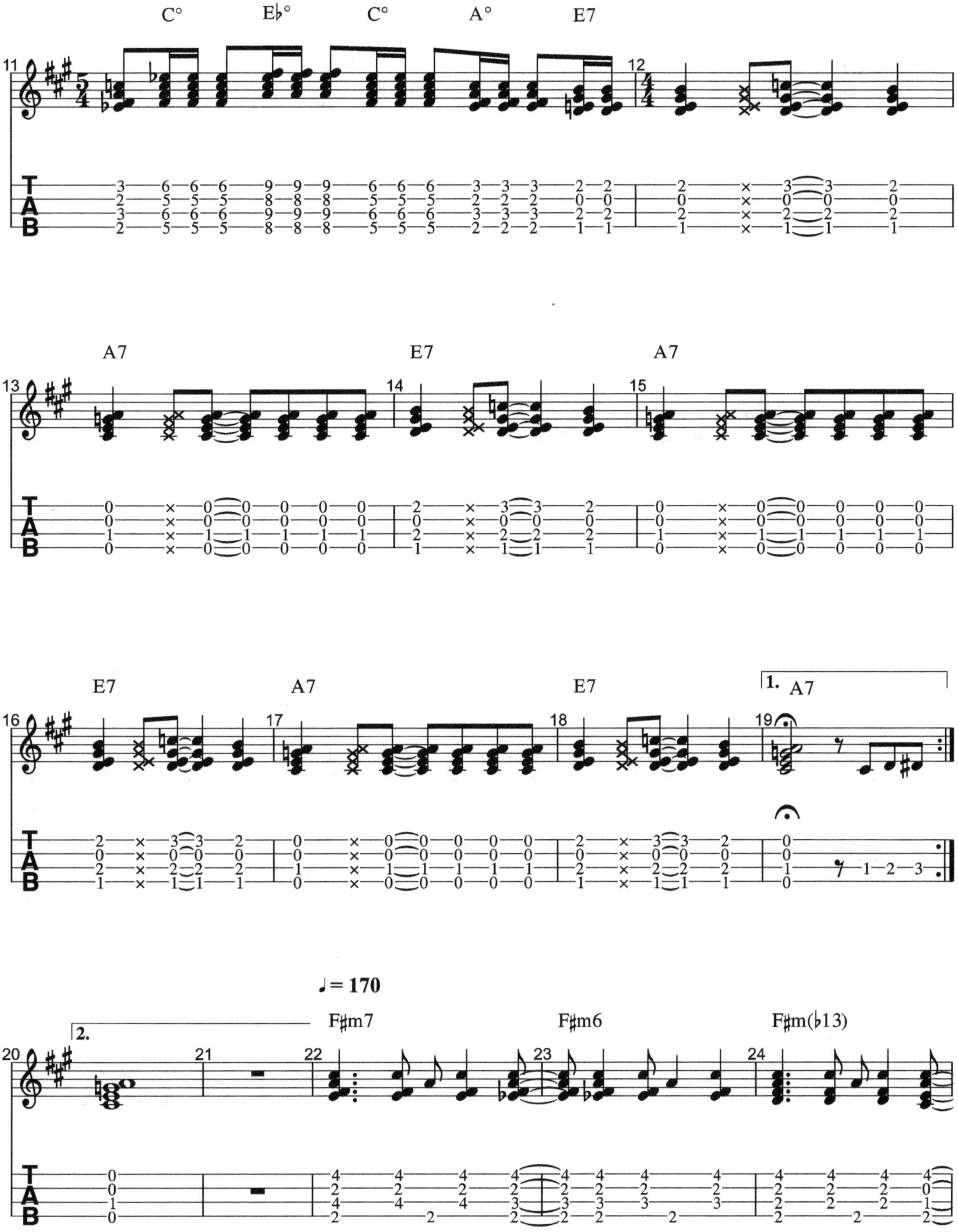
C°
E♭°
C°
A°
E7
A7
E7
A7
E7
A7
E7
1. A7
2.
♩= 170
F♯m7
F♯m6
F♯m(♭13)

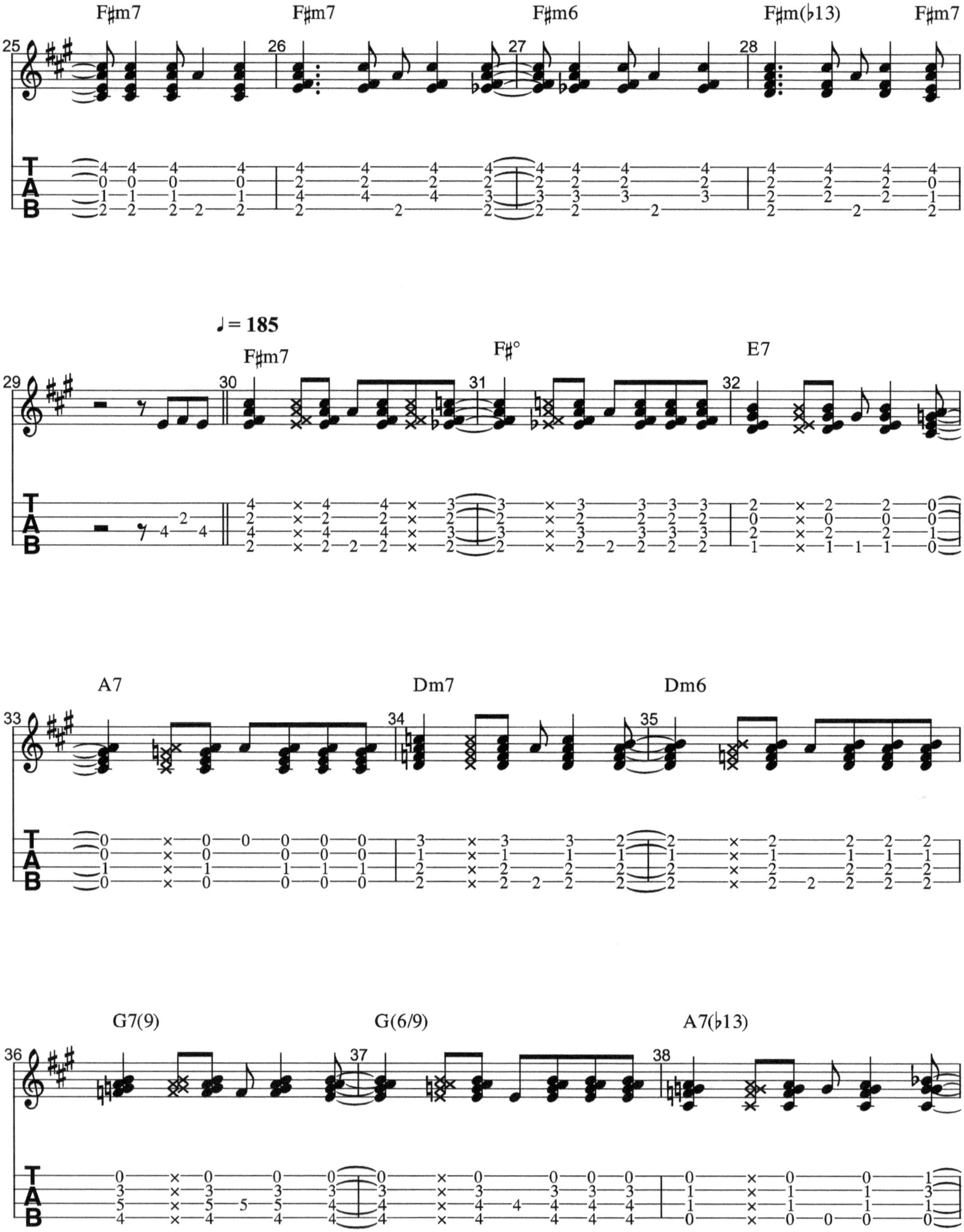
F♯m7
F♯m7
F♯m6
F♯m(♭13)
F♯m7
♩= 185
F♯m7
F♯°
E7
A7
Dm7
Dm6
G7(9)
G(6/9)
A7(♭13)

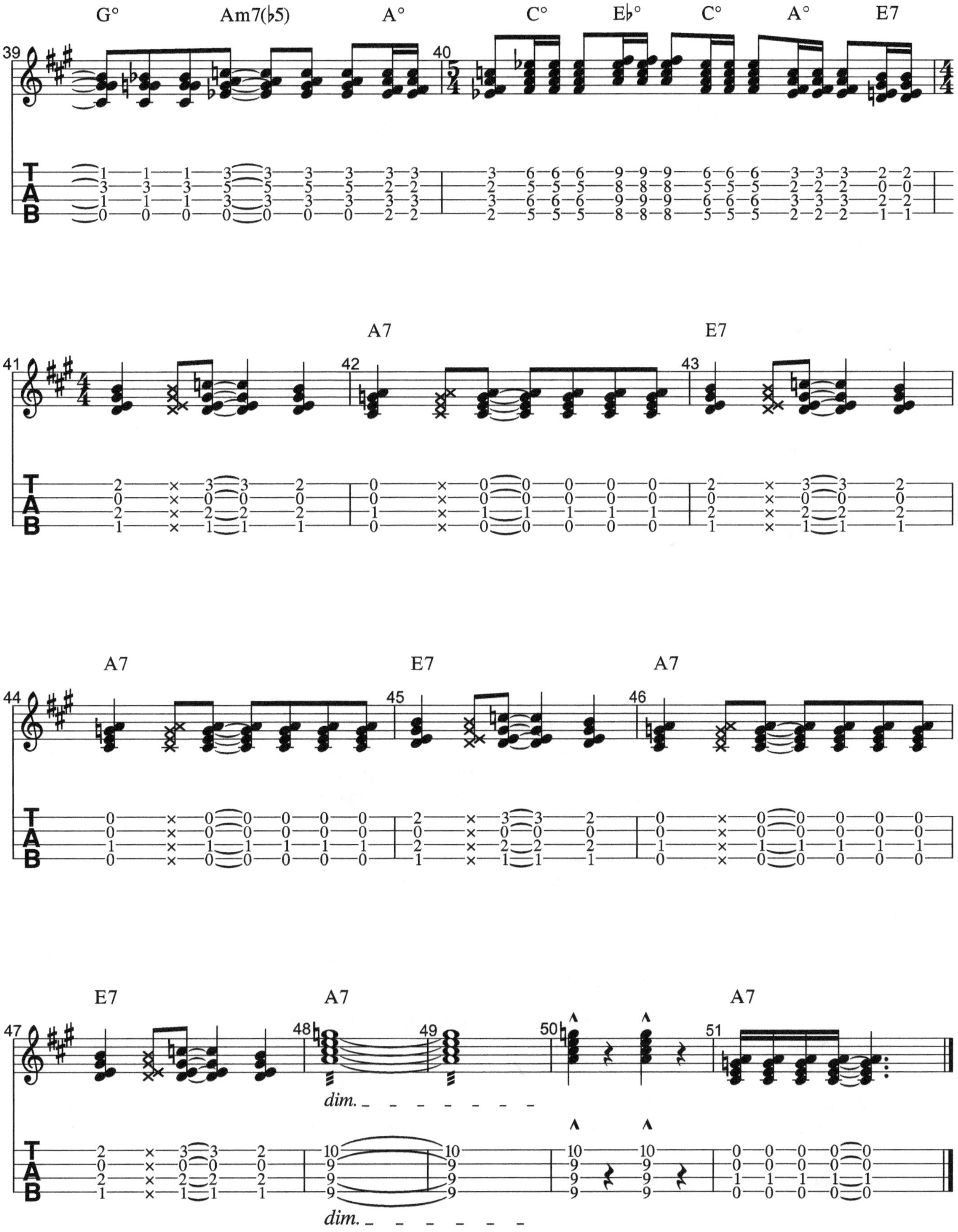
G° Am7(♭5) A° C° E♭° C° A° E7
A7 E7
A7 E7 A7
E7 A7 A7
dim.
dim.

Sobre o autor

João Tostes (Barbacena - MG, 9 de julho de 1983) é um músico brasileiro, ukulelista, compositor, arranjador e educador musical, responsável pelo projeto Toca Ukulele.

Iniciou no violão em 1999. Com o tempo, se interessou pela guitarra e passou a integrar algumas bandas locais.

Conheceu o ukulele em 2010 e publicou um vídeo na internet para ensinar o dono do ukulele a tocar uma música que queria aprender. A partir de então, começou a receber muitos pedidos para ensinar outros detalhes do instrumento e criar tutoriais, o que o animou a criar um projeto, por várias vezes adiado.

Iniciou-se efetivamente somente 5 anos depois, em outubro de 2015, o Toca Ukulele, que é um projeto com diversas vertentes, nas quais a interatividade com o público é um dos grandes diferenciais.

Ao oitavo período do curso de engenharia, abandona a universidade após ser aprovado para o curso de violão na Bituca - Universidade de Música Popular. Durante o período na Bituca, participou ativamente de bandas locais, utilizando o ukulele em grande parte do repertório (covers e próprias).

No ano de 2016 foi convidado pela empresa italiana, maior fabricante de encordoamentos para instrumentos exóticos do mundo, Aquila Corde Armoniche, a fazer parte do time de endossados, fato que também ocorreu com a empresa norte-americana Ohana, fabricante de ukuleles.

Em 2017 foi o primeiro brasileiro a ser exibido em rede nacional de televisão tocando ukulele instrumental, pelo Canal Futura. Neste mesmo ano, lança seu primeiro single, Maria Madalena, que recebeu clipe gravado em Santa Rita do Ibitipoca, Bom Jesus do Vermelho e Parreiras, em Minas Gerais. No mesmo ano, iniciou os estudos no único curso no mundo que forma professores de ukulele, no Canadá, com o mestre James Hill. Ainda em 2017, em outro fato inédito para os ukulelistas brasileiros, participa do 5º Festival de Ukulele da República Tcheca, fazendo dois shows nas cidades de Poděbrady e Únětice, além de workshop de música brasileira.

No fim de 2017, criou o Toca Ukulele Global, versão em inglês do projeto brasileiro. Também abandona carreira paralela como empresário do ramo de Tecnologia da Informação para se dedicar integralmente à música e ao ukulele.

Em 2018, lançou seu primeiro disco, naturæ, que estreia na história do ukulele brasileiro como sendo o primeiro disco instrumental no instrumento. O disco contém músicas tocadas somente no ukulele, e parcerias com Diogo Fernandes (baixo) e Felipe Moreira (piano).

Faz palestras e eventos dentro e fora do país, em português e em inglês, e é o responsável pelo Encontro Nacional de Ukulele, evento anual que acontece na USP, em São Paulo, com duas edições realizadas (2017 e 2018).

Em palestras nacionais, João apresenta repertório vasto e ensina música, batidas e levadas, teoria musical, prática de conjunto, entre outros. Em palestras internacionais, em geral leva a música brasileira para o público, especialmente ritmos típicos do país, como o maxixe, choro e bossa-nova.

João também faz parte do Original Ukulele Songs, uma organização mundial para compositores de músicas utilizando o ukulele.

Sites e referências

Toca Ukulele

+ Site: tocaukulele.com.br
+ Facebook: facebook.com/tocaukulele
+ Instagram: instagram.com/tocaukulele
+ Youtube: youtube.com/tocaukulele
+ Twitter: twitter.com/tocaukulele
+ Toca Ukulele em inglês no Youtube: youtube.com/tocaukuleleglobal

João Tostes

+ Site: joaotostes.com.br
+ Facebook: facebook.com/joaotostesuke
+ Instagram: instagram.com/joaotostes
+ Twitter: twitter.com/joaotostes

Ajude a construir e manter viva a história do ukulele:

apoia.se/tocaukulele
patreon.com/tocaukulele

www.ingramcontent.com/pod-product-compliance
Lightning Source LLC
Chambersburg PA
CBHW050716100426

42735CB00041B/3321